Des chevaux inoubliables

Cinq histoires vraies de chevaux

• • •

Margaret Davidson
Illustrations de Leo Summers

• • •

Illustration de la couverture
de Sandy Rabinowitz

Texte français de Jocelyne Henri

Scholastic Canada Ltd.,
123, Newkirk Road, Richmond Hill
(Ontario) Canada

Pour Julie, Brian et Adam,
tout spécialement

Données de catalogage avant publication (Canada)
Davidson, Margaret, 1936-
Cinq histoires vraies de chevaux
Traduction de: Five True Horse Stories

ISBN 0-590-74355-4

1. Chevaux - Anecdotes - Ouvrages pour la
jeunesse. I. Summers, Leo. II. Titre.

SF302.D314 1992   j636.1   C92-093296-7

ISBN 0-590-74355-4

Titre original: Five True Horse Stories
Édition publiée par Scholastic Canada Ltd.,
123, Newkirk Road, Richmond Hill
(Ontario) L4C 3G5

4321   Imprimé aux États-Unis   234/9

Table des matières

L'HISTOIRE DE
JUSTIN MORGAN
le plus grand cheval d'entre les petits

L'histoire de Justin Morgan se déroule il y a plus de deux cents ans. Justin Morgan marche le long d'un chemin de terre au Massachusetts. Il est trop pauvre pour posséder un cheval. Il doit donc se rendre à pied partout où il veut aller. Justin arrive du Vermont pour recueillir l'argent qu'un homme lui doit.

Une fois rendu à destination, l'homme lui dit : «Si c'est de l'argent que tu veux, tu devras attendre. Mais je peux te donner autre chose.» Il pointe du doigt deux chevaux qui broutent dans un champ tout près.

Justin est un professeur. Il n'a pas besoin d'un cheval. Et l'homme lui doit beaucoup plus d'argent que Justin ne peut en obtenir en vendant les deux chevaux. Mais il est venu de si loin. Deux chevaux valent mieux que rien du tout. Finalement, Justin accepte et reprend la route avec les chevaux.

Un des chevaux est gros et paraît puissant. Justin peut le vendre. Toutefois, à la vue de l'autre cheval — un poulain qu'il nomme Figure — il hoche la tête en signe de pitié. Figure ne mesure que quatorze mains de haut (une main équivaut à 10 cm). Ce n'est pas très gros pour un cheval. «Il ne vaut probablement rien du tout», pense Justin.

Figure a vécu à l'état sauvage durant deux ans. Sa robe est couverte de boue et de poussière. Justin peut à peine dire de quelle couleur elle est. Lorsqu'il arrive chez lui, Justin Morgan lave le petit cheval. Il retire toutes les bardanes accrochées à sa crinière et à sa queue. Ensuite, il le brosse et le peigne jusqu'à ce que sa robe luise au soleil.

«Tiens, il est *beau*!» s'écrie Emily, la fille de Justin.

C'est vrai. Les pattes et les oreilles du cheval sont d'un noir brillant. Le reste de sa robe est d'un beau brun rouge. Les poils de sa crinière et de sa queue sont épais et longs. Son dos est droit et ses muscles fermes et forts.

Figure n'a jamais été dressé. Mais il apprend très rapidement. Bientôt, il tire des voitures et des charrettes. Il est si doux que même les jeunes enfants peuvent le monter.

Il est malin aussi. «J'ai parfois l'impression qu'il sait ce que je pense avant moi», dit Justin.

De plus, Figure est fort. Il peut porter un cavalier ou tirer une charrette toute la journée, sans jamais se fatiguer. Encore mieux, il est toujours d'accord pour faire tout ce qu'on lui demande.

Justin Morgan est fier de Figure. Mais il est très pauvre. Il ne peut pas se permettre de garder un cheval. Il ne veut pas le vendre non plus. Peut-être pourrait-il le louer à quelqu'un? Justin va voir un voisin du nom de Robert Evans. «J'ai entendu dire que tu avais besoin d'un cheval, lui dit-il. Que dirais-tu de louer le mien?»

Monsieur Evans n'a entendu que des bonnes choses au sujet de Figure mais, malgré cela, il répond : «Ton cheval est trop petit et le travail que je fais est très dur. J'ai plutôt besoin d'un *gros* cheval.»

Justin rit et réplique : «Essaie-le». Pour un montant de quinze dollars par année, Figure est donc loué à Robert Evans. Bientôt, Monsieur Evans se rend compte à quel point il a fait une bonne affaire.

Il y a deux cents ans, les chevaux faisaient le travail que les machines agricoles et les automobiles font aujourd'hui. On ne les traitait jamais comme des animaux de compagnie. Ils n'étaient que des bêtes de somme.

Chaque jour, Evans et Figure partent travailler. Du matin au soir, ils traînent de lourds rondins et les sortent de la forêt. Ils arrachent de grosses souches et retirent d'énormes roches du sol. C'est un dur labeur, mais Figure ne se lasse jamais.

Un soir en rentrant, Robert Evans et Figure passent devant un moulin à scie. Des hommes et des chevaux se tiennent dans la clairière, en face du moulin. À plus de quarante-cinq mètres du moulin à scie, il y a un énorme rondin de pin.

«Que se passe-t-il?» leur demande Robert Evans. Un homme lui explique que tous les chevaux, les uns après les autres, ont essayé de tirer le rondin jusqu'au moulin. Aucun n'a pu le bouger plus que quelques mètres.

Robert Evans marche jusqu'au rondin. Il l'examine d'un côté, puis de l'autre. «Figure peut le faire», dit-il. Tout le monde regarde le cheval de Justin Morgan. Certains se mettent à rire. «*Ce* cheval?» s'exclame un des hommes.

«Des chevaux presque deux fois plus gros que lui n'ont pas pu bouger ce rondin.»

«Je parie que Figure peut le faire, affirme-t-il encore. Et je dis qu'il peut le faire en trois coups ou moins.»

Il fixe l'extrémité d'une lourde chaîne au harnais de Figure. Il enroule l'autre bout autour du rondin. Puis, il tapote l'épaule de Figure. «Allez, mon gars, lui dit-il doucement. Ce n'est qu'un rondin de plus après tout; il est seulement un peu plus gros.»

Puis il crie «Allez, hue!» Figure se crispe. Il se penche en avant. Ses sabots s'enfoncent dans le sol. Chaque muscle de son corps est tendu. Il tire aussi fort qu'il peut. Mais rien ne bouge.

Tant bien que mal, il tire juste un petit peu plus fort et le rondin bouge enfin! Seulement de 2 cm, pour commencer. Puis, de 7 cm. Puis de 30 cm! Doucement, Figure traîne le rondin au milieu de la clairière.

«Holà, mon gars», crie Robert Evans. Durant quelques minutes, le petit cheval se repose. «Vas-y», dit encore Robert Evans. «C'est le temps de travailler encore un peu.»

Une deuxième fois, Figure se crispe. Encore, le rondin bouge lentement et progressivement jusqu'au moulin.

Tout le monde se met à parler aussitôt. «Quel cheval!» s'écrie un des hommes. «Il est le plus grand cheval d'entre les petits!»

Quelques semaines plus tard, à la fin d'une grosse journée de travail, Robert

Evans et Figure passent devant le magasin général où des hommes se sont réunis pour une course de chevaux.

«Veux-tu essayer ton cheval, Evans?» lui propose un des hommes.

Robert Evans fait un signe de tête affirmatif. «Peut-être.»

«Allez, viens, insiste un des hommes. Je sais que le cheval de Morgan peut tirer des rondins. Mais ses jambes sont trop courtes pour la course.»

«Je suis certain qu'il peut s'en tirer aussi bien que les autres, réplique Evans. J'aimerais essayer.»

Figure n'a jamais participé à une course. Malgré tout, il semble sentir qu'un événement important est sur le point de se produire. Il se met à caracoler. Puis quelqu'un crie : «Un, deux, trois... Partez!»

Figure prend la tête dès le départ! La course est loin d'être terminée cependant. Les autres chevaux ont les jambes beaucoup plus longues. Ils vont sûrement le rattraper avant la fin. Mais non, Figure conserve la tête. Il gagne par quatre longueurs.

Figure a participé à plusieurs courses par la suite. Il a gagné la plupart d'entre elles. Les pur-sang (chevaux élevés spécialement pour la course) n'étaient même pas de taille à faire face au brave petit cheval de Morgan.

Un jour, Justin Morgan rend visite à Robert Evans. «J'ai grand besoin d'argent, lui dit-il. Les quinze dollars de location que tu paies pour Figure chaque année ne sont pas suffisants. Je n'ai pas le choix; je dois vendre le cheval.» Les deux hommes assistent tristement au départ de Figure.

Peu de temps après, Justin Morgan tombe malade. La fièvre monte et il tousse de plus en plus. Un jour qu'il est étendu dans son lit, il confie à un ami à son chevet : «Je sais que je vais mourir». Et bientôt personne ne se rappellera plus de moi. Personne ne se souviendra même de mon nom.»

Au contraire! Déjà, plusieurs donnent à Figure le nom de Justin Morgan. Avant longtemps, tout le monde l'appellera ainsi.

Les gens discutent du cheval Justin Morgan parce qu'ils ont remarqué quelque chose d'inhabituel. Les poulains et pouliches de Justin Morgan lui ressemblent tous. Peu importe à quoi ressemblent leurs mères. Ils ont tous les mêmes yeux intelligents. Ils ont tous les mêmes jambes robustes et les mêmes muscles puissants. Et plus les petits grandissent, plus ils deviennent comme lui. Ils sont doux, mais néanmoins fougueux, robustes, rapides et ardents au travail.

Les gens recherchaient des chevaux possédant ces qualités. Ils ont donc accouplé leurs juments à Justin Morgan et, par la suite, à toute la lignée de ses descendants.

Bientôt, les chevaux Morgan ont servi au transport du courrier. Ils ont transporté les Américains vers l'ouest,

jusqu'en Californie. Ils ont participé
guerres et travaillé sur les fermes. Ils
secondé les pompiers et les policiers;
sont devenus des chevaux de course et
d'équitation. Plus important encore, les
chevaux Morgan par milliers ont aidé à
bâtir les États-Unis d'Amérique.

De nos jours, il existe une ferme au
Vermont, patrie de Justin Morgan,
spécialisée dans la reproduction et
l'élevage des chevaux Morgan. En face
de la plus grosse grange de la ferme
s'élève une grosse statue en bronze de
Justin Morgan, le père du premier cheval
américain destiné à la reproduction.

L'HISTOIRE
DU MUSTANG BLANC
le cheval indomptable

Les mustangs — chevaux sauvages des prairies américaines — sont habituellement petits et ont l'air robustes. Mais le Mustang blanc était grand et avait une ossature délicate. Sa crinière épaisse lui pendait jusqu'aux genoux. Et sa queue cinglait le sol quand il broutait les herbages du centre du Texas.

Une autre caractéristique le distinguait des autres chevaux sauvages. De l'extrémité des oreilles au bout de la longue queue, il était d'un blanc immaculé.

De plus, c'était un meneur naturel. La famille de la plupart des étalons se compose d'environ quinze ou vingt juments. Mais le Mustang blanc arrivait à contrôler plus de cinquante juments!

Ce n'était pas une tâche facile que de garder une telle famille hors de danger. D'autres étalons se tenaient toujours tout près pour lui voler ses juments.

Les humains aussi constituaient un danger. Plusieurs d'entre eux voulaient capturer le grand cheval blanc. Ils voulaient le priver à jamais de sa liberté.

L'étalon était toutefois trop malin pour tomber dans leurs pièges. Il galopait beaucoup trop vite pour qu'ils puissent l'attraper.

Au cours des années, plusieurs cowboys avaient tenté, l'un après l'autre, de prendre au piège le Mustang blanc ou de lui donner la chasse. Dans tous les camps du Sud-Ouest américain, on faisait le récit de ses fuites. Voici la plus mémorable.

Un bon matin, un cow-boy apparaît à l'horizon. Le Mustang le remarque immédiatement. Mais il est encore loin et le cheval continue de brouter. Brusquement, le cow-boy augmente son allure. Il se dirige tout droit sur le Mustang!

Le grand cheval blanc sait exactement ce qu'il doit faire.

Il se met à tourner autour de ses juments et de ses poulains, de manière à les regrouper étroitement. Puis il part en direction du sud, suivi de près par sa famille.

Le Mustang galope sans arrêt durant des heures. Il ne ressent pas de fatigue. Vers la fin de la journée, il commence à se déplacer plus lentement. Il est certain d'être hors de danger. Aucun cheval ni aucun cavalier ne l'a jamais suivi aussi loin auparavant.

Il se retourne pour s'en assurer. Ceci a pour effet de ralentir son allure pendant un court instant. On le pourchasse encore!

Aucun homme n'a jamais réussi à fatiguer le cheval sauvage. Tous savent que l'étalon se dirige toujours vers le sud lorsqu'il est poursuivi. Ils ont donc élaboré un plan. Un cow-boy le suit sur une distance d'environ cinquante kilomètres. Puis, il rencontre un deuxième cow- boy qui a été dépêché là pour l'attendre. Cet homme le remplace jusqu'à ce qu'il rejoigne un troisième homme, frais et dispos, qui reprend la poursuite, et ainsi de suite.

En tout, on compte douze hommes et leurs chevaux — douze maillons d'une chaîne s'étirant vers le sud sur des centaines de kilomètres. Même le Mustang blanc ne pourra sûrement pas leur échapper!

Une chose est certaine. Il va essayer. Bientôt, le soleil se couche. Depuis toujours, le Mustang a pu s'échapper durant la nuit. Cette bête sauvage des prairies sait se déplacer rapidement dans le noir. La plupart des chevaux de ranchs qui sont à sa poursuite n'ont pas le pied assez sûr pour en faire autant.

Cependant, les hommes ont bien conçu leur plan. Quand le soleil se couche, il

est remplacé par la pleine lune. Sa chaude lueur dorée éclaire la prairie à des kilomètres à la ronde.

Durant toute la nuit, le Mustang galope devant ses ennemis. «Il ressemblait à un bateau», racontera plus tard un des hommes. «Un bateau fantôme blanc naviguant sur une mer d'herbages.»

Au lever du soleil, le Mustang se retourne. Un cheval et son cavalier sont encore à ses trousses! Arrivera-t-il *jamais* à semer cet ennemi terrifiant et infatigable?

Durant plusieurs kilomètres, la famille du Mustang avait pu le suivre. Mais un après l'autre, les chevaux se sont épuisés et laissés distancer — les poulains d'abord et les juments ensuite. Maintenant, il court seul.

Il a les yeux vitreux. Sa robe blanche est couverte de poussière. Son poitrail se soulève douloureusement à chaque respiration. Même sa force extraordinaire finit par s'affaiblir. Malgré tout, son instinct lui dit de continuer.

Il galope sans arrêt jusqu'à ce que le dernier cow-boy abandonne la poursuite au bord de la rivière Frio, dans le sud du Texas. Le cavalier s'arrête et regarde le Mustang traverser la rivière à la nage et se remettre à galoper hors de vue. «La dernière chose que j'ai vue était sa queue blanche qui s'agitait en signe d'adieu», racontera-t-il plus tard.

Plus personne ne le poursuit maintenant. Malgré cela, le Mustang continue d'avancer vers le sud.

À tous les trois ou quatre kilomètres, il s'arrête pour manger quelques bouchées d'herbages et flairer le danger. Puis il se remet en route. Il est presque rendu à la frontière mexicaine lorsqu'il s'arrête de nouveau. Il lève la tête et prend une profonde inspiration. Il ne sent aucun danger. Une odeur lui taquine toutefois le museau. L'eau!

Le grand cheval s'ébroue de plaisir. Il suit rapidement l'odeur de l'eau jusqu'à un canyon tout près.

Le Mustang blanc n'a pas flairé d'ennemi. Mais, de son ranch, un cow-boy l'a aperçu. Il se cache derrière de hauts buissons. Le vent disperse son odeur *loin* du cheval.

Le cow-boy n'a encore jamais vu le Mustang blanc. Mais il en a entendu parler à plusieurs reprises. «Oui!» pense-t-il en regardant la magnifique bête. «C'est le Mustang blanc!» Le cow-boy sourit de satisfaction, car il sait qu'un cheval qui a beaucoup bu ne peut pas courir très vite.

L'étalon finit par sortir du canyon. D'un mouvement rapide, l'homme fait tournoyer son long lasso dans l'air. Il vole vers le cheval épuisé et le noeud atterrit autour de son cou puissant!

Le Mustang blanc crie de fureur. Il se cabre, décoche une ruade et se précipite loin du lasso. Il frappe l'air de ses sabots. Mais il n'arrive pas à se débarrasser de cette corde terrifiante! Il se retourne brusquement et se dirige tout droit vers le cow-boy. Son regard noir est sans équivoque. Mais le cow-boy jovit de chance. Il y a un arbre tout près. Tant bien que mal, il se réfugie derrière. Il garde l'arbre entre lui et l'étalon furieux. En quelque sorte, l'arbre lui sert de poteau pour attacher le cheval. Le cow-boy enroule le lasso autour du tronc. Le Mustang blanc est captif!

Le cow-boy court jusqu'à son ranch et revient en compagnie de deux autres cow-boys. Ceux-ci nouent des cordes autour de l'étalon en furie. Puis, criant et se débattant sans arrêt, le cheval est tiré jusqu'au ranch.

Les cow-boys se débattent pour le faire entrer dans le corral. Et, instantanément, le cheval cesse de se battre. Il semble prendre conscience qu'il est finalement vaincu.

Les hommes lui apportent de la nourriture et un baril d'eau de puits. Le cheval détourne la tête. Il ne veut ni manger ni boire.

«Il mangera bien quand il sera affamé», dit un des cow-boys.

Mais, durant neuf jours et neuf nuits, le Mustang blanc reste figé comme une statue. Il ne touche pas à la nourriture. Il n'avale pas une goutte d'eau de puits. Et le matin du dixième jour, il s'étend sur le flanc et meurt.

Le cheval épris de liberté s'était échappé malgré tout.

L'HISTOIRE DE MISTY
le sauveteur du troupeau de poneys

Aujourd'hui, c'est la Foire aux poneys!
Les pêcheurs et les aviculteurs
(éleveurs de volailles), qui vivent sur
l'île de Chincoteague, deviennent des
cow-boys d'un jour. Tôt le matin, ils
traversent l'étroit bras de mer qui
sépare leur île de l'île voisine
d'Assateague.

Là, à plus de huit kilomètres au large
de la Virginie, vivent des centaines de
poneys sauvages. Personne ne sait
comment les petits chevaux sont arrivés
là. Mais ils vivent en liberté sur l'île
depuis des centaines d'années.

Les cow-boys rassemblent les poneys
sauvages. Ils les conduisent dans l'eau,
puis de l'autre côté du bras de mer,
jusqu'à Chincoteague. Ensuite, tout le
troupeau — près de deux cents étalons,
juments et poulains — galope le long de
la rue principale jusqu'au champ de
foire.

Chaque année, des milliers de
personnes venant de tous les coins des
États-Unis arrivent à Chincoteague en
cette journée de la fin juillet. Ils viennent
pour s'amuser, assister aux courses de
chevaux et faire des tours de manèges.

Mais par-dessus tout, ils viennent voir les poneys sauvages. Certains désirent même en acheter un. Chaque année, plusieurs jeunes poneys sont vendus. Le reste du troupeau retourne à Assateague. (Si on ne vendait pas de poneys chaque année, il y en aurait vite trop sur l'île et ils manqueraient de nourriture.)

À l'été de 1946, vingt-cinq mille personnes assistent à la Foire aux poneys. L'une d'entre elles est l'écrivaine Marguerite Henry. La foire est pratiquement terminée lorsque madame Henry aperçoit une jument qui se tient un peu à l'écart des autres poneys. Étendue à côté de la jument, elle voit une minuscule pouliche.

Les yeux de la pouliche sont d'un brun vif, bordés de longs cils dorés. Autour d'un oeil, elle a une grosse tache de couleur or. Elle a l'air d'un clown heureux!

Dès cet instant, madame Henry sait qu'elle doit posséder cette pouliche.

Mais la jument et la pouliche ont déjà été vendues à un homme qui vit à Chincoteague — un homme que tout le monde appelle grand-papa Beebe.

Grand-papa ne veut pas vendre le poney. «Elle n'a qu'une semaine. C'est beaucoup trop jeune pour la séparer de sa mère. Prenez-en une autre», lui dit-il.

Mais Marguerite Henry sait qu'elle doit avoir cette pouliche-là et pas une autre. «J'ai besoin d'elle, supplie-t-elle. Je suis écrivaine. Je veux écrire un livre sur un poney d'Assateague. J'ai la nette impression que ce sera un meilleur livre si ce poney est avec moi pendant que je l'écris.»

«Eh bien...», commence grand-papa Beebe, en se grattant l'oreille. «Si vous la laissez ici pour quelques mois, jusqu'à ce qu'elle soit prête à quitter sa mère...»

«Bien entendu!» acquiesce rapidement Marguerite Henry. Puis elle fait une promesse à grand-papa Beebe. «Lorsqu'elle sera en âge d'être mère, je vous la ramènerai. Ainsi, ses poulains seront aussi de vrais poneys d'Assateague.»

Marguerite Henry retourne chez elle et commence à écrire son livre. Quelques mois plus tard, le jeune poney arrive dans l'Illinois. Madame Henry l'appelle Misty (Brouillard).

Quelques enfants du voisinage viennent jouer avec Misty. Mais personne d'autre ne connaît l'existence du petit cheval qui est venu de si loin.

Puis le livre est achevé. Le titre est *Misty de Chincoteague*. Dès le début, il obtient un énorme succès. Il abonde d'aventures — certaines réelles et d'autres fictives.

Beaucoup de gens connaissent maintenant l'existence de Misty. Tout le monde veut voir la petite pouliche. On l'invite à des concours hippiques. Elle visite des écoles, des bibliothèques et des librairies. Elle fréquente toutes sortes de fêtes. Finalement, Marguerite Henry doit acheter un agenda pour noter toutes les invitations de Misty!

Misty adore ces voyages. Elle aime parader. Elle a appris quelques tours. On lui a montré à mettre ses sabots avant sur un petit tabouret et à saluer de gauche à droite. Elle a aussi appris à serrer la «main» avec son sabot droit ou gauche. Depuis, elle tend le sabot à quiconque est en vue!

Marguerite Henry avait fait une promesse à grand-papa Beebe. Elle lui avait promis de ramener Misty à Chincoteague lorsqu'elle serait en âge d'être mère. Mais madame Henry aime tant Misty! De sorte que les années passent et Misty est toujours dans l'Illinois.

Finalement, madame Henry réalise qu'il est plus que temps de retourner Misty dans sa terre natale. «Ne vous en faites pas», dit-elle aux nombreux enfants qui sont venus lui dire adieu. «Je *sais* que Misty sera heureuse là-bas.»

Et elle l'est. Misty consacre ses journées à courir dans les forêts de pins et les prairies, avec les autres poneys de grand-papa Beebe. Et, environ un an plus tard, son premier poulain vient au monde. Partout dans le pays, les postes de radio et de télévision transmettent la bonne nouvelle. Le petit poulain est appelé Phantom Wings (Ailes du fantôme).

Quiconque n'a jamais entendu parler

de Misty auparavant apprend alors qui elle est. Un film est réalisé à partir du livre *Misty de Chincoteague*. Misty ne joue pas le rôle principal, bien entendu. C'est l'histoire d'un très jeune poney et Misty est maintenant adulte. Mais elle joue le rôle d'un des chevaux sauvages dans les scènes de foule. Lorsqu'elle ne joue pas, elle passe beaucoup de temps à serrer la main des gens qu'elle rencontre.

Puis c'est le printemps de 1962. Tôt, un matin, d'épais nuages courent dans le ciel. Le jour s'obscurcit de plus en plus. Un vent glacial se met à souffler du nord. Le soir venu, il tombe une pluie froide.

Au début, la plupart des gens ne sont pas inquiets — ils sont habitués aux orages. Mais le vent et la pluie s'amplifient durant toute la nuit. Tôt, le lendemain matin, les habitants de Chincoteague regardent par leurs fenêtres et voient de l'eau partout! L'eau clapote contre les murs des maisons. Et elle continue toujours de monter!

Misty est sur le point d'avoir un autre poulain. Au milieu de la matinée, l'eau envahit le sol de l'écurie. Elle transporte de la boue et du sable et toutes sortes de choses étranges. Au début, l'eau claque sur ses sabots. Puis, centimètre par centimètre, elle se met à grimper le long de ses jambes. Misty hennit nerveusement.

Toute la journée, les gens écoutent leurs postes de radio qui annoncent que les conditions se détériorent. La chaussée menant au continent est inondée. Les habitants de Chincoteague sont isolés. Ils sont pris au piège sur un petit morceau de terre au milieu d'une mer furieuse, à huit kilomètres au large!

Tard en après-midi, un représentant du gouvernement conseille à tous les habitants de quitter l'île. Des hélicoptères les transporteront en lieu sûr, sur le continent.

Mais qu'arrivera-t-il à Misty? Il n'y a pas de place dans les hélicoptères pour les animaux. La famille Beebe fait la seule chose possible dans les circonstances. Ils guident Misty à travers l'arrière-cour inondée, lui font monter les marches de la véranda et la font entrer dans la cuisine. La maison est bâtie sur une colline; le plancher est donc sec. Ils empilent du foin dans un coin et remplissent le grand évier d'eau fraîche. Ils sortent tous les légumes du réfrigérateur et les mettent sur le plancher. Enfin, ils la caressent une dernière fois et quittent la maison.

La tempête fait rage pendant encore quatre jours. Puis le vent s'apaise. La pluie cesse et l'eau commence à se retirer. La chaussée menant à l'île est réapparue. Les gens peuvent regagner leurs maisons. Du moins, ce qui en reste. La tempête a fait de terribles dommages. Certaines maisons penchent bêtement d'un côté. D'autres ont disparu; elles ont été balayées dans la mer. Des automobiles et des camions ont été projetés partout comme s'il s'agissait de jouets. Des bateaux ont été soulevés de l'eau et rejetés plus haut sur la grève.

Heureusement, Misty va bien. Elle a mangé tout le foin et les légumes. Elle a bu toute l'eau. Puis elle s'est débrouillée pour ouvrir la porte du réfrigérateur et faire basculer une bouteille pleine de mélasse, sa gâterie préférée.

Tôt, le lendemain matin, Misty donne naissance à une petite pouliche d'un brun roux parsemé de blanc. Il avait été difficile de trouver un nom au premier poney de Misty. Chacun y était allé de ses suggestions. Dans ce cas-ci, tout le monde est unanime. On appelle la petite pouliche crépue Stormy (Tempête), bien sûr!

Une fois le nettoyage terminé, quelques hommes arrivent à Assateague en canot. Certains poneys s'étaient enfuis sur des terres plus hautes. Mais plus de la moitié du troupeau avait été balayée dans la mer. Etait-ce la fin de la Foire aux poneys maintenant qu'il restait si peu de chevaux sauvages?

Quelqu'un a une idée. Et si les gens de

Chincoteague rachetaient certains poneys qui ont été vendus les années précédentes? Ces poneys auraient des poulains et rebâtiraient le troupeau. C'est une bonne idée, mais où se procurer l'argent pour acheter les poneys?

Un des hommes qui ont réalisé le film sur Misty appelle le maire de Chincoteague. Il veut savoir comment les gens se sont débrouillés après la tempête. Le maire lui fait part de leur problème.

«Et si nous présentions le film à nouveau? propose l'homme. Nous le ferons parvenir à toutes les salles de cinéma qui le désirent. Et tous les revenus serviront à racheter les poneys.»

C'est une idée fantastique, bien sûr. Mais il y a tant d'enfants qui viennent tout juste de voir le film. Retourneront-ils le voir si vite? Et si Misty et Stormy vont de pair avec le film... Sûrement que les garçons et les filles ne manqueront pas cette occasion!

La première salle de cinéma que Misty et Stormy visitent est à Richmond, en Virginie. À dix heures, la salle est pleine à craquer.

«On veut Misty! On veut Stormy!» crient les garçons et les filles. Un homme s'avance dans l'allée centrale en compagnie des deux poneys. Une fois rendue aux marches menant à la scène, Misty monte sans hésitation. Mais Stormy s'arrête. Misty se retourne et hennit doucement. «Suis moi, semble-t-elle dire. Il n'y a rien à craindre.» Stormy hésite encore un instant. Puis elle monte les marches en chancelant.

Le tabouret de Misty est sur la scène. Aussitôt qu'elle le voit, elle s'y dirige et y monte. Puis elle salue de gauche à droite. Tout le monde se met à applaudir, à siffler et à crier. Misty regarde les garçons et les filles et cligne des yeux doucement.

Durant les trois mois qui ont suivi, la jument et sa pouliche ont visité ville après ville et salle après salle. Misty se tenait sur son tabouret et serrait les mains des garçons et des filles qui attendaient en file. Stormy jouait gaiement sur toutes les scènes. Parfois, la jument et sa pouliche se tenaient nez à nez et se parlaient doucement. Un jour, en les voyant, un homme s'est exclamé : «Ces deux-là sont *nées* actrices!»

Quand la tournée a été terminée, ils avaient amasser suffisamment d'argent pour racheter environ cinquante poneys. Misty et Stormy — ainsi que plusieurs filles et garçons à travers les États-Unis — avaient sauvé le troupeau sauvage d'Assateague!

L'HISTOIRE DE BRIGHTY
l'âne libre

«Les bourgeons sont sortis dans les trembles, pense oncle Jim. Et hier, j'ai vu des écureuils. Brighty devrait monter le sentier d'un jour à l'autre.»

Brighty n'appartient pas à oncle Jim Owens. Il n'appartient à personne, sauf à lui-même. Tous les ânes sont très indépendants, mais Brighty l'est plus que tous.

Brighty n'est pas un âne sauvage. Il n'est pas apprivoisé non plus. Personne ne sait d'où il vient. Il passe la moitié de ses hivers dans le Grand Canyon, où il fait toujours chaud. Durant son séjour, il aide parfois un vieux mineur à transporter ses outils. Mais la plupart du temps, Brighty ne fait que jouer. Il se roule sur le dos. Il court dans le ruisseau peu profond, en éclaboussant l'eau partout à la ronde. Souvent, il s'assoit et brait à pleins poumons.

Brighty ne fait que ce qu'il a envie. Et maintenant que le printemps est arrivé, il lui est agréable de grimper le canyon escarpé pour se rendre à sa fraîche maison d'été, sur le versant nord.

Durant l'été, Brighty visite souvent oncle Jim. Mais il ne vit pas avec lui. Il habite une caverne près du bord du canyon. Il fait toujours sombre dans la caverne. Le sol est recouvert de douces fougères. Et près du mur arrière, il y a un profond réservoir d'eau froide.

Une nuit qu'il dort, une forme rampante apparaît dans le noir. Elle scrute la caverne et ses yeux luisent comme de l'or.

C'est un lion de montagne affamé! Pendant un court instant, le lion fixe

Brighty. Puis, il s'accroupit et bondit! Le lion veut enfoncer ses griffes dans le cou de Brighty — ce qui signifierait la fin de Brighty. Mais, à cause de l'obscurité, le lion rate sa cible. Les griffes terrifiantes lui tailladent plutôt les pattes avant.

Brighty se relève rapidement. Il rue fortement avec ses petits sabots. Mais le lion bondit de côté. Il s'accroupit à nouveau et, cette fois, saute sur le dos de Brighty!

Brighty tourne en rond pour essayer de se débarrasser de ce chat rugissant. Puis il tombe et se met à rouler sur lui-même. Le lion ne lâche pas prise.

En roulant par terre, Brighty s'approche de plus en plus du réservoir. Enfin, il roule dans l'eau, immobilisant le lion sous lui. Le lion se bat toujours sauvagement, essayant de garder la tête hors de l'eau. Mais le corps de Brighty le maintient sous l'eau. Deux minutes, trois minutes, puis quatre minutes s'écoulent. Finalement, les griffes du chat se relâchent. Brighty sort de l'eau en chancelant et s'écroule par terre.

C'est là qu'oncle Jim Owens le trouve le lendemain. Il a le souffle coupé lorsqu'il entre dans la caverne. Le lion mort gît dans le réservoir. Brighty est étendu sur le côté, les yeux fermés et les jambes couvertes de sang.

Oncle Jim met la main sur le poitrail de Brighty. Le coeur de l'âne bat encore avec force. Rapidement, l'homme se met à l'ouvrage. Il recueille de la résine d'un pin tout près et l'étale sur les pattes de Brighty. Le baume apaisant semble ranimer Brighty. Il s'agenouille péniblement, puis réussit à se relever. Il se met alors à faire ce que font les animaux blessés — il lèche ses plaies.

«Tu ne peux pas faire ça, mon gars, dit oncle Jim. Tu vas enlever toute la résine.» Mais Brighty continue de lécher.

Oncle Jim soupire. Si seulement il avait un pansement quelconque. Cela empêcherait Brighty de toucher à ses plaies.

Tout à coup, oncle Jim a une idée. Il sort son couteau de poche et coupe la jambe gauche de son pantalon, à hauteur du genou. Puis il coupe la jambe droite de la même manière. Il enfile les deux morceaux de tissu sur les pattes avant de Brighty. Les deux parties inférieures du pantalon d'oncle Jim recouvrent Brighty jusqu'au poitrail.

Que peut-il utiliser pour garder le tissu en place? Oncle Jim se met à rire. Il retire ses bretelles rouge vif et les installe sur le dos de Brighty. Il fixe ensuite les bretelles à la partie supérieure des jambières.

L'homme et l'âne portent maintenant chacun une demi-paire de pantalon. «Nous avons l'air pas mal ridicules, tu ne trouves pas?» dit oncle Jim.

Brighty vit au ranch de l'oncle Jim durant les cinq semaines qui suivent. Chaque soir, le vieil homme enlève les pantalons de Brighty et frotte ses pattes avec du baume apaisant. Puis il lui remet ses jambières.

Un soir, oncle Jim sort de sa maison comme d'habitude. Mais il ne recueille pas de résine. Il retire plutôt les pantalons de Brighty et les jette. «Tu es guéri maintenant, dit-il à l'âne. Tu n'as plus besoin de ces pantalons.» Oncle Jim lui donne une tape sur la croupe. «Allez, tu es libre d'aller où bon te semble maintenant!»

Brighty tourne en rond et remplit l'air d'un joyeux HIIII-HANNNN!

Brighty ne quitte pas le ranch. Les jours d'été s'écoulent et il ne va plus à sa caverne. Bientôt, ce sera l'automne.

Chaque jour, il fait un peu plus froid sur le haut versant nord. Brighty aurait dû quitter depuis longtemps pour rejoindre ses quartiers d'hiver dans le Grand Canyon.

Il se rend souvent sur le bord du canyon. Il reste là durant des heures à regarder en bas. Mais il ne part pas.

Oncle Jim est de plus en plus inquiet. Il a guéri les pattes de Brighty. L'a-t-il par le fait même apprivoisé?

Puis, un jour, Brighty se met à descendre le sentier — très, très lentement. Oncle Jim le surveille. Brighty s'arrête et se retourne. Il continue d'avancer un peu plus et s'arrête encore. Oncle Jim sait qu'il peut crier : «Brighty, reviens!» et que l'animal reconnaissant l'écoutera. Mais aucun son ne sort de sa bouche. Il ne fait que le regarder descendre dans le canyon. Bientôt, il est hors de vue.

Oncle Jim s'ennuiera de son ami. Mais il est quand même content, car il sait que Brighty restera un animal libre toute sa vie.

Donc, chaque hiver, Brighty vit au fond du canyon. Il passe chaque été sur le versant nord. Et, toujours, il part et revient de la même façon.

En ce temps-là — il y a environ cent ans — très peu de gens essayaient de descendre au fond du Grand Canyon. Ses flancs étaient trop abrupts et il n'existait pas de sentiers. Avec le temps, les sabots de Brighty avaient creusé un chemin que les gens ont appelé Bright Angel Trail (Sentier de l'ange radieux).

De plus en plus de gens utilisent maintenant le sentier de Brighty — enseignants et élèves, écrivains, mineurs et explorateurs, scientifiques. Plusieurs touristes l'empruntent aussi. Ils veulent tous voir ce qu'il y a au fond du Grand Canyon.

Parfois, Brighty se joint à ces gens pour un certain temps. Lorsqu'il en a envie, il travaille même pour eux. Souvent, il promène les enfants sur son dos. Trois ou quatre garçons et filles montent parfois en même temps. Brighty avance sans se presser. Lorsqu'il est fatigué ou ennuyé, il s'installe sous une branche d'arbre. C'est sa façon à lui de dire : «La promenade est terminée».

Une matinée d'hiver de 1921, Brighty est réveillé par un bruit semblable au tonnerre, mais plus fort. Pendant quelques minutes, tout est calme. Puis le bruit étrange reprend. Brighty suit le bruit jusqu'au bord de la rivière

Colorado. Là, il cligne des yeux de surprise. Il y a des hommes partout. Tout à coup, il entend le bruit à nouveau. Et de gros morceaux de pierre volent dans les airs. Les hommes dynamitent le roc.

La rivière Colorado coule au milieu du Grand Canyon. Elle ne mesure que 120 mètres de large. Mais elle coupe le canyon en deux. Les hommes construisent un pont au-dessus de la rivière — un pont pour relier les deux côtés du canyon.

Brighty s'assoit pour regarder. «Hé! tu dois être Brighty», dit un des travailleurs, après un certain temps. «Pourquoi ne viens-tu pas nous aider?»

Brighty s'approche. Bientôt, il se met à transporter les outils et les pièces d'équipement. Souvent, il apporte les sacs de sable lourds servant à faire le ciment. Brighty ne travaille pas tous les jours, bien entendu. Seulement lorsqu'il en a envie.

Lentement, le pont prend forme.

Lorsqu'il est terminé, plusieurs personnalités assistent à la cérémonie d'inauguration. Le gouverneur du Colorado fait un beau discours. Puis c'est le moment de la première traversée.

«Je propose que Brighty soit le premier à traverser, dit un homme. C'est *son* sentier qui nous a permis d'ouvrir le canyon.»

«De plus, ajoute un autre, Brighty est le seul véritable citoyen du Grand Canyon présent aujourd'hui.»

Mais Brighty traversera-t-il le pont? Les ânes n'aiment pas faire des choses dangereuses. Il n'ira certainement pas seul. Oncle Jim s'avance. «J'accompagnerai Brighty», dit-il.

Ils s'avancent donc tous les deux vers le pont. Brighty s'arrête sur ses traces. Le pont est très long et étroit et il *se balance* dans le vent.

Les oreilles de Brighty se dressent. Il se met à trembler. Oncle Jim reconnaît ces signes. Brighty se prépare à fuir.

«Fais-moi confiance, Brighty, dit

doucement oncle Jim. Nous serons rendus de l'autre côté en un rien de temps.»

Oncle Jim met un de ses gros pieds sur le pont. Il se penche et prend un des minuscules sabots de Brighty qu'il met à côté. Brighty tremble toujours, mais il ne bouge pas. Oncle Jim avance son autre pied. Il se penche à nouveau pour mettre le deuxième sabot de Brighty sur le pont.

La main sur l'épaule de l'âne, oncle Jim se met à marcher, suivi de Brighty. Pas à pas, ils traversent le pont et arrivent sains et saufs de l'autre côté!

Les hommes applaudissent frénétiquement. Brighty pousse un HII-HANNNNN! de satisfaction.

L'univers de Brighty est maintenant plus grand. Il peut se balader des deux côtés du Grand Canyon. Mais, à chaque printemps, il revient toujours chez ses amis du versant nord.

Puis, un certain printemps, Brighty n'est pas revenu. On ne l'a plus jamais revu. Personne ne sait ce qui s'est produit. Certains disent que Brighty s'est fait tiré par un hors-la-loi qui se cachait dans le canyon. Mais d'autres disent que ce n'est pas vrai. Ils disent que Brighty a vécu une longue et belle vie dans le Grand Canyon du Colorado. Et, finalement, il est simplement mort de vieillesse. Il est mort comme il a vécu — un âne libre jusqu'à la fin.

L'HISTOIRE DE CLEVER HANS
le cheval savant

Hans vit avec son maître à Berlin, en Allemagne. Un jour, monsieur von Osten invite quelques amis à la maison. Il les amène dans la cour où le cheval attend patiemment. «Es-tu prêt Hans?» demande-t-il.

Et le cheval hoche de la tête!

«Que font quatre plus trois?» demande monsieur von Osten. Hans relève la jambe antérieure droite et se met à frapper du sabot sur le vieux pavé de pierre de la cour. «Un, deux, trois», frappe Hans, «quatre, cinq, six, sept».

Tout le monde se met à parler en même temps. Monsieur von Osten sourit et pose une autre question.

«Il est maintenant midi trente, dit-il au cheval. Combien reste-t-il de minutes avant une heure?» Rapidement, Hans frappe *trente* fois.

Ensuite, monsieur von Osten ouvre quatre carrés de tissu. Chacun est de couleur différente. «Prends le vert», ordonne-t-il. Hans marche et s'arrête en face du carré vert. Il le ramasse avec ses dents et le ramène à son maître.

Monsieur von Osten regarde alors ses amis. «Il y a une dame ici, dit-il à Hans, qui porte un chapeau garni de fleurs roses. Peux-tu nous la montrer?» La dame est petite et elle se tient derrière plusieurs personnes. Mais Hans la trouve tout de même.

Durant l'heure qui suit, monsieur von Osten pose des questions et Hans y répond. Il donne presque toujours la

bonne réponse.

Finalement, monsieur von Osten dit :
«C'est assez pour aujourd'hui. Hans sera
ici demain pour répondre à d'autres
questions».

Cet épisode s'est déroulé il y a environ
soixante-quinze ans. Les postes de radio
et de télévision n'existaient pas en ce
temps-là. Lentement, la nouvelle se
répand à Berlin, dans toute l'Allemagne,
puis dans d'autres pays. De plus en plus
de gens viennent voir le cheval
prodigieux.

Clever Hans (Hans, l'ingénieux) ne déçoit jamais son auditoire. Il peut résoudre des problèmes mathématiques ardus. «Neuf fois soixante-huit?» demande à une occasion monsieur von Osten. Il faut à Hans beaucoup de temps pour donner la bonne réponse — 612!

Presque tous les jours, Hans déploie de nouveaux talents devant son auditoire. Il peut distinguer des choses différentes entre elles, même si elles ont presque la même dimension, couleur ou forme. Hans peut aussi donner la bonne réponse lorsqu'on lui demande l'heure, le jour, la semaine et le mois de l'année.

Un jour, monsieur von Osten tend une corde à travers la cour. Il suspend des cartes sur la corde. Sur chacune d'elles, il a écrit un mot. «Où se trouve la carte qui dit : Allô?» demande-t- il. Hans marche jusqu'à la carte et la pousse du museau. «Sur quelle carte est-il écrit Allemagne?» Hans choisit la bonne carte à nouveau. Finalement, monsieur von Osten demande : «Laquelle est ta carte à toi?»

Hans se dirige vers la carte où est écrit HANS et la pousse du museau avec force.

«La seule chose que ce cheval ne peut pas faire, c'est parler», s'exclame un homme. Mais d'autres disent que Hans sait aussi le faire, avec son sabot.

Un des talents de Hans stupéfie les gens plus que tout. Monsieur von Osten peut se tenir devant le cheval en *pensant* à une question. Il ne bouge pas les lèvres et ne fait aucun son. Pourtant, Hans répond quand même à la question. Clever Hans peut donc aussi lire dans la pensée de son maître!

Toutefois, tout le monde n'est pas du même avis. Paul Bushe a travaillé avec des animaux de cirque presque toute sa vie. «Je connais tous les tours, se vante-t-il. Personne ne peut me duper, aussi intelligent soit-il.» Il pense que monsieur von Osten fait des signaux à Hans, signaux qui disent au cheval quoi faire exactement.

Monsieur Bushe veut découvrir ces

signaux cachés. Il se présente donc un jour chez monsieur von Osten sans s'annoncer. Il est accompagné de cinq autres hommes. Il dit à monsieur von Osten qu'ils veulent l'étudier pendant qu'il travaille avec Hans. Un des hommes aura pour tâche de fixer sa tête. Un autre surveillera son bras gauche. Un troisième guettera son bras droit. Les deux derniers porteront leur attention sur les deux jambes.

Monsieur von Osten hoche la tête d'un air mécontent. Il sait que l'entraîneur du cirque le soupçonne de mentir et de tricher. «Et vous, que surveillerez-vous?» lui demande-t-il. «Oh, je surveillerai *tout*», répond avec grandeur Paul Bushe.

Monsieur von Osten commence à poser des questions et Hans, comme à l'habitude, répond correctement à la plupart. Pendant ce temps, les six hommes épient ses moindres gestes. Ils sont si attentifs qu'un des hommes dira qu'il en avait presque oublié de respirer.

Finalement, monsieur Bushe lui tend la main. «Pardonnez-moi, dit-il à monsieur von Osten. J'ai encore peine à le croire... mais j'avais tort. Je n'ai remarqué aucun signal entre vous et le cheval. Je suis le meilleur entraîneur de cirque d'Allemagne et je vais dire au monde entier que Clever Hans est bien un cheval qui réfléchit. À vrai dire, il peut réfléchir mieux que la plupart des gens que je connais!»

Quelques semaines plus tard, un autre homme arrive chez Monsieur von Osten. Carl Shillings est un explorateur célèbre. Il a vécu durant plusieurs années dans des pays lointains. «Je n'ai jamais vu Clever Hans et il ne m'a jamais vu», dit-il à Monsieur von Osten. «Il est impossible que j'aie pu lui enseigner des signaux. Me permettez-vous de questionner le cheval?»

«Bien sûr, répond monsieur von Osten. Je quitterai même la cour si vous le désirez. Vous pourrez ainsi travailler avec Hans en toute quiétude.»

Aussitôt qu'il est seul, monsieur Shillings se met à questionner Hans. Au début, le cheval semble confus. Il caracole un peu et regarde autour de lui. Mais il se calme bientôt et répond aux questions de monsieur Shillings.

Il se trompe à quelques reprises, puis il donne une bonne réponse après l'autre. Un parfait étranger peut donc poser des questions à Hans — un homme qui ne peut sans l'ombre d'un doute faire partie d'un complot pour duper les gens. C'est la preuve irréfutable que Clever Hans est réellement un cheval qui réfléchit!

Certaines personnes sont encore sceptiques, toutefois. Entre autres, un scientifique du nom de Oskar Pfungst. La plupart des gens ont étudié Hans durant quelques heures ou quelques jours. Professeur Pfungst décide de travailler aussi longtemps qu'il le faudra pour résoudre enfin le mystère de Clever Hans.

Les premiers temps, le professeur Pfungst pose des questions de la manière habituelle. Hans répond facilement. Puis un jour, le scientifique change de méthode. Il pose à Hans une question qui, sur un point important, diffère de toutes les autres questions qui ont été posées au cheval. *Il ne connaît pas la réponse lui-même.* «Quelle distance y a-t-il de Berlin à Londres, en Angleterre?» lui demande-t-il.

Pauvre Hans! Il essaie à plusieurs reprises de répondre à cette question, mais sans succès. Le professeur devient de plus en plus agité. Il continue de poser des questions. Quand il connaît lui-même la réponse, Hans la connaît aussi. Quand il ignore la réponse, Hans l'ignore aussi.

Avant la tombée du jour, le professeur Pfungst sait que Hans est incapable de vraiment additionner, soustraire, multiplier ou diviser. Il ne peut non plus différencier les couleurs, les pièces de monnaie ou les cartes à jouer. Il ne peut ni lire ni donner l'heure. Hans n'est pas un cheval qui réfléchit. Il ne «sait» que ce que la personne qui le questionne sait et pas plus!

En conclusion, la personne qui questionne Hans lui donne des signaux. Mais comment? Le professeur lui-même lui envoie des signaux, mais il ne sait pas de quelle manière.

Jour après jour, le professeur Pfungst continue de poser des questions à Hans. Il surveille également les autres personnes qui questionnent le cheval. Et peu à peu, il finit par comprendre.

La plupart des animaux dressés savent lire les signaux — un signe de la main ou un changement dans le ton de la voix, par exemple. Mais aucun de ces signaux préparés à l'avance n'a jamais été utilisé avec Hans. Non, conclue le professeur Pfungst, les gens qui questionnent Hans lui envoient des signaux, même s'ils ne s'en doutent pas.

En premier lieu, la personne qui questionne Hans devient naturellement un peu tendue, un peu nerveuse, en attendant la réponse du cheval. Dès lors, plusieurs petites modifications physiques s'opèrent, à son insu. Un muscle peut palpiter dans son oreille. Elle peut avaler un peu plus souvent qu'à l'ordinaire. Ses lèvres peuvent se resserrer. Ou encore, un de ses sourcils peut se contracter légèrement. Toutes ces manifestations sont des signes de tension. Et ces signes disent à Hans de commencer à donner sa réponse.

Supposons qu'une personne demande à Hans combien fait cinq plus cinq. À chaque fois que Hans frappe du sabot, la personne devient de plus en plus tendue. 1-2-3-4-5-6-7-8-9. Puis, quand Hans frappe pour la dixième fois, elle se détend.

À ce moment, une autre série de changements subtils s'opèrent. La personne peut respirer un peu plus profondément ou plus lentement. Ses lèvres peuvent s'entrouvrir légèrement. Ses paupières peuvent tomber. Sa peau peut même devenir un peu plus rose. Toutes ces marques sont des signes de relaxation. Mis ensemble, ils disent à Hans quand s'arrêter.

Lorsqu'on veut que Hans dise *oui*, on ne peut s'empêcher de faire un mouvement vers le haut. Et lorsqu'on veut qu'il se dirige vers une personne ou un objet en particulier, on ne peut s'empêcher de faire un petit geste révélateur. Hans se promène au hasard jusqu'à ce qu'il passe devant la personne ou l'objet en question. C'est alors qu'on se détend et Hans s'arrête. Encore une fois, il vient de donner la «bonne» réponse.

Clever Hans ne pouvait donc pas réfléchir comme un être humain. Il était quand même un cheval exceptionnel. Très longtemps, il a rendu plus d'un expert perplexe. Peut-être ne pouvait-il pas lire les pensées, mais il était sans aucun doute un des plus grands maîtres *lecteurs de muscles* de tous les temps!